pr**e**skole

Yon piblikasyon ki desine pou elèv preskolè (4-5 ane) ak paran yo.

David Hayse
Jeran jeneral

Mario J. Zani
Editè jeneral

Ana M. Zani
Editè piblikasyon pou timoun

Luis Manoukian
Redaktè

Absolu Kesner
Tradiksyon

Nixon Lima
Mise en paj

[èlev]

ane
1

Leson sa yo te tradwi ak adopte materyèl original ki pibliye nan lang anglè pa WordAction Publication. Koresponn nan ane 1 nan syèk 2 ane preskolè.

Pibliye pa

cnp

Kontni

FANMI JEZI ALE EJIP

Liv foto Jezi

Jezi te vizite tanp la lè li te gen 12 ane

Lè li te grandi li te ede anpil moun.

Jezi te pale ak moun yo sou lanmou Bondye, e li te montre yo lanmou li pou zache.

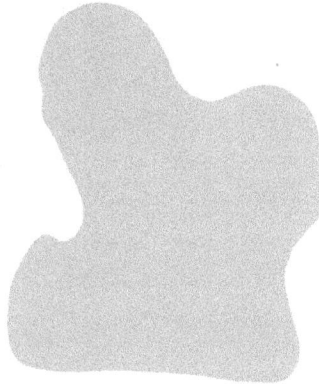

Li te geri yon tifi malad.

Jezi te fèt. Paran li yo te mennen li Ejip

Pitit la menm t'ap grandi epi li t'ap devlope. (Sen Lik 2:40).

Bondye te pwoteje Jezi pandan li táp grandi.

Pitit la menm t'ap grandi e t'ap devlope.

(Sen Lik 2:40).

Chèche nan Seksyon koupe foto yo ki koresponn ak leson sa a.
Double sou fòm akòdeyon pati fèy sa a pou divize li nan kat seksyon. Y'ap koupe epi kole foto yo tankou jan sa endike nan liv mèt la.

NON: _____

An nou ale!

Enstriksyon: Ede timoun yo nan mitan epi y'ap double nan twa pati seksyon kote y'ap montre desen fanmi Jezi yo (Gade ekzanp la).

Kesyon: Poukisa Jozèf te reveye Mari? (timoun yo dwe montre desen ki koresponn nan). Ki kote Jozèf, Mari ak Jezi ale? (montre foto a epi bay opòtinite pou yo reponn). Poukisa yo ale? (etann fèy la epi siyale desen nan pati dèyè a). Pandan timoun yo ap kolorye desen fanmi Jezi a, rple yo ke Bondye te pran swen ti Jezi nan danje. Li te ede Jozèf chape ansanm ak fanmi li Ejip. Bondye te pran swen Jezi, e l'ap pran swen ou tou.

Chè paran: Motive pitit ou itilize fèy aktivite sa a pou li ka rakonte sou vwayaj fanmi Jezi Ejip la. (Sen Matye 2:13-15, 19-21). Bondye te pran swen Pitit li Jezi, konsa tou l'ap pran swen nou.

Leve!

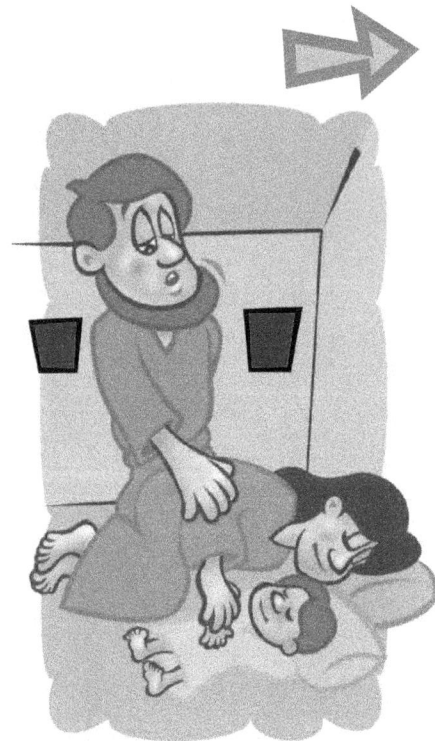

JEZI NIZITE TANP LA

Jezi te grandi. Jezi te nan tanp la.

Kole la a foto Jezi

Kole anons Jezi te grandi...

Koupe e kole Jezi nan tanp la

Jezi pitit Bondye a. Li ede moun yo konnen Bondye.

Koupe e kole sou foto Jezi.

Jezi te grandi

Jezi vizite tanp la

Enstriksyon: Eksplike ke sa se yon ansanm kesyon ak repons. Yo dwe kenbe kouvèti foto Jezi pandan w'ap kesyone yo. Lè yo gen repons la yo dwe leve ankadreman an pou montre Jezi epi reponn byen fò. Plase li nan mitan an epi mande timoun yo: Konbyen ane Jezi te genyen nan istwa jodi a? (Pèmèt yo reponn). Poukisa Mari ak Jozèf t'ap chèche Jezi? Ki kote Jezi te ye? Kisa li te fè nan tanp la? Pou tèmine felisite yo pou patisipasyon yo, e fè elòj enterè yo pou aprann. Fè anfaz ke Jezi se te pitit Bondye e chak jou li te grandi nan estati ak konesans. Li te ede lòt aprann sou Bondye. Jezi renmen nou e Li vle ede nou tou konnen plis sou Bondye.

Chè paran:

Jodi a pitit ou te aprann sou anfans ak lè li te grandi. Nan istwa biblik nou nou te wè ke Jezi te gen douz ane lè li te vizite tanp la. Itilize kesyon fèy sa yo pou pale ak pitit ou sou vizit espesyal sa a.

Y'ap pale sou jwa ki eksperimante lè y'ap ale nan tanp la. Mande yo eksprime santiman yo lakay Bondye a.

Di yo ke Bondye renmen e vle ede yo grandi e konsa li renmen nou tou.

JEZI GERI YON TIFI MALAD

Pitit la menm t'ap grandi e li t'ap devlope (Sen Lik 2:40).

Enstriksyon: Pèmèt ke yo koupe kat ankadreman. Li posib pou ke w'ap bezwen ede yo ak aktivite sa. Aprè chak w'ap melanje lèt yo, nan fason sa yo tout ap dezòdone.

Eksplike ke yo dwe mete nan lòd lèt yo selon sa yo te aprann nan istwa biblik jodi a. Revize pou yo fè li byen; pou yo pa gen dout ki kapab sijere e konprann ke **J**ezi pran swen moun yo. Nan ka sa a li te pran swen tifi malad la ak fanmi li. Li te geri li paske li se pitit Bondye e sèlman li menm ki kapab fè sa pèsonn ankò pa kapab fè. Di: **Jezi tou pran swen ou e l'ap toujou avèk ou.**

Poze kesyon sa yo ak timoun yo e pèmèt ke yo reponn:

• Kòman Jezi pran swen ou?
• Kòman Jezi montre lanmou li pou lòt yo?
• Kòman ou montre lanmou ou pou paran yo?

Chè paran:

Jezi, kòm pitit Bondye, te kapab fè tout, san limitasyon.
Li te ede lòt yo epi li geri yon tifi li te jwenn ki te malad anpil.
(Sen Lik 8:40-42, 49-56).
Pale ak pitit ou sou Jezi, zanmi nou. Li pran swen nou lè nou malad; nou kapab rakonte li kòman nou santi nou. Anime pitit ou pou rakonte li istwa biblik la, pandan n'ap itilize lèt yo epi mete yo nan lòd.

JEZI VIZITE ZACHE

Zache, dessan la!

Ti moun [Jezi]
te grandi epi te
devlope

(Sen Lik 2:40).

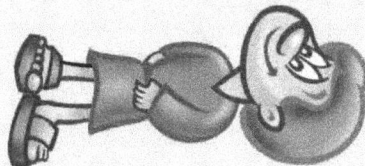

Chè paran

Leson sa a se dènye leson ki pale nou sou kòman Jezi te grandi. Semèn sa a n'ap pale sou Zache (Sen Lik 19:1-9).

Mande pitit ou yo, itilize aktivite a ke ou te elabore nan klas la, rakonte sa kite pase lè Zache te konnen Jezi.

Enstriksyon : Yo dwe koupe foto Zache yo. Mete riban adezif nan pati dèyè foto pou kole yo epi dekole yo avèk fasilite.

Mande timoun yo deplas foto Zache yo epi plase yo kote ki korèk pandan y'ap rakonte sa yo te aprann nan klas la jodi sa a.

Mande yo: Poukisa Zache te monte pye bwa a? Kisa Jezi te fè lè li te wè li? kisa Zache te fè aprè li te konnen Jezi?

Di yo: Zache te aprann ke Bondye te renmen li.

Bondye renmen nou tou!

JEZI GERI YON ANSYEN

Yon **mirak** se yon bagay espesyal ke sèlman Jezi ki kapab fè li paske li se pitit Bondye.

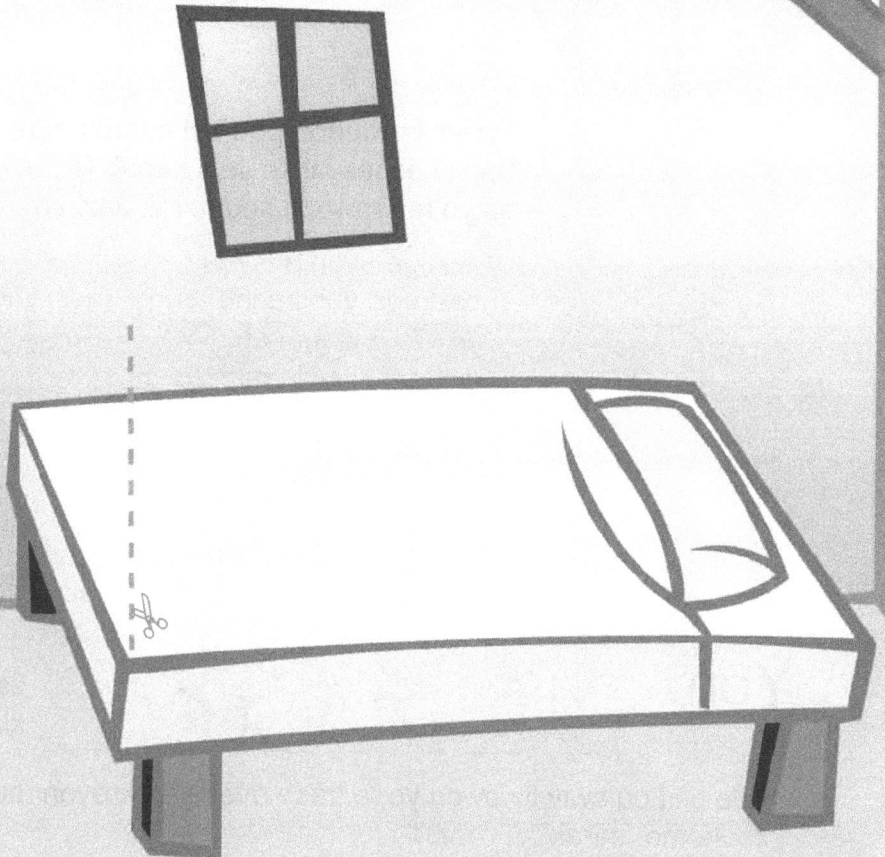

MWEN RELE:

Lage tout tèt chaje nou yo nan men Bondye, paske l'ap pran swen nou. (1 Pye 5:7)

Jezi geri yon granmoun

- Koupe foto granmoun nan, e kole nan pati dèyè a yon band ti katon pou li kapab rete vètikal.
- Koupe avèk swen de liy make nan sèn nan

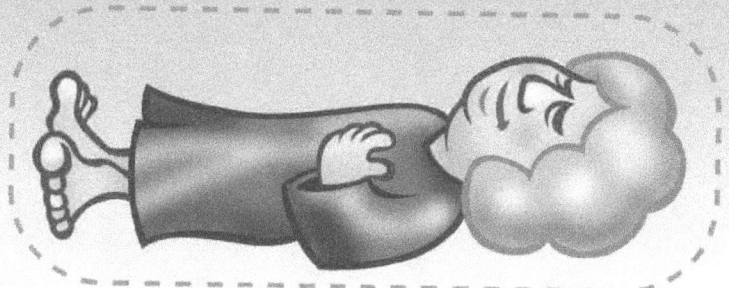

JEZI GERI YON ANSYEN 5

Yon *mirak* se yon bagay espesyal ke sèlman Jezi ki kapab fè li paske li se pitit Bondye.

M̲WEN̲o
RELE: *Daniel*

JEZI GERI YON ANSYEN 5

Yon *mirak* se yon bagay espesyal ke sèlman Jezi ki kapab fè li paske li se pitit Bondye.

M̲WEN̲o
RELE: *Daniel*

Chè paran:

Pawòl lafwa nou pou kat semèn aprè yo se "mirak". Yon mirak se yon bagay espesyal ke Jezi kapab fè paske li se pitit Bondye. Kat istwa sa yo fè rapwòch sou mirak Jezi yo.

Jezi geri yon ansyen   (Mak 1:29-31).
Jezi ede yon pechè   (Sen Lik 5:1-11).
Jezi kalme tanpèt la   (Sen Matye 8:23-27).
Jezi bay foul la manje   (Sen Jan 6:1-14).

Yon **mirak** se yon bagay espesyal ke sèlman Jezi ki kapab fè li paske li se pitit Bondye.

Ede pitit ou swiv liy pwen yo, e trase avèk yon kreyon oubyen yon kreyon koulè mo "mirak".

JEZI EDE YON PECHÈ

Yon _mirak_

se yon bagay espesyal Jezi kapab fè Paske li se pitit Bondye.

GRAN PECHE A

Lage tout tèt cha-
je nou yo nan
men Bondye,
paske l'ap pran
swen nou.
(1 Pyè 5:7, BLA)

MWEN RELE:

Ou pral vezwen imaj pwson. Yo kapab moso koupe oswa desen.

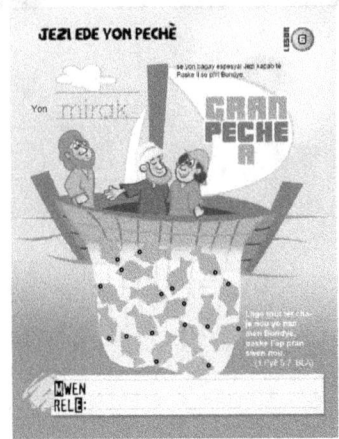

Chè paran:

Jodi a pitit ou te aprann istwa sou lè Jezi te ede Simon, pechè a, kenbe pwason nan nas li. Li te peche anpil ke li te dwe rele yon lòt bak pou ede li avèk chajman an. (Sen Lik 5:1-11).

JEZI KALME TAMPÈT LA

Yon ___mirak___

Se yon bagay espesyal ke sèlman Jezi ki kapab fè li paske li se pitit Bondye.

Lage tout tèt chaje nou yo nan men Bondye, paske l'ap pran swen nou

(1 Pyè 5:7, BLA).

MWEN RELE:

Chè paran:

Jezi, pitit Bondye a, kapab fè sa ke lòt pa kapab. Nan istwa Jodi a (Sen Matye 8:23-27),

Jezi te pase van an lòd, vag yo ak lapli pou yo kalme. Disip yo te etone ak mirak sa. Pale sou zafè etonman ak pitit ou, rakonte li yon lòt fwa istwa kote Jezi te kalme tanpèt la.

PEN AK PWASON

Yon _____ se yon bagay espesyal ke sèlman Jezi kapab fè li paske li se pitit Bondye.

mirak

Lage tout tèt chaje nou yo nan men Bondye, paske l'ap pran ke swen.
(1 Pyè 5:7, BLA).

MWEN RELE:

Jezi te fè

mirak

Chè paran:

Jodi a pitit ou te aprann sou yon gran mirak ke Jezi te fè. Li te bay plis senk mil moun manje avèk sèlman de pwason ak senk pen (Jan 6:1-14). Pandan pitit ou ap plase foto pen yo nan douz panye yo, raple li mirak yo ke ou te aprann nan kat semèn pase yo:

- **Jezi geri yon ansyen**
- **Gran peche a**
- **Jezi kalme tanpèt la**
- **Alimantasyon mirak**

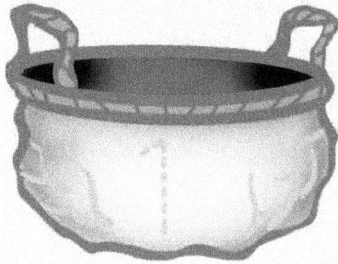

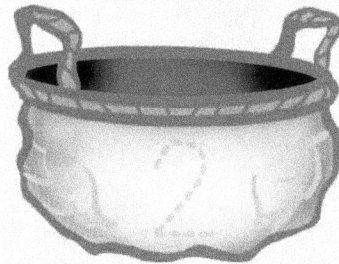

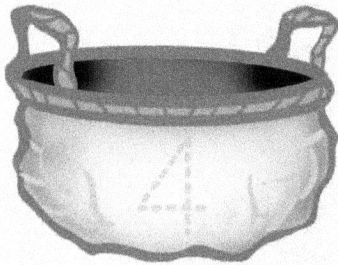

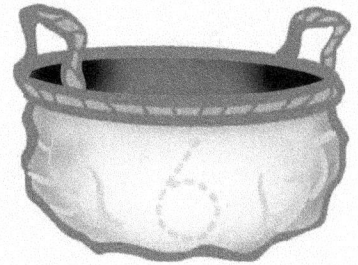

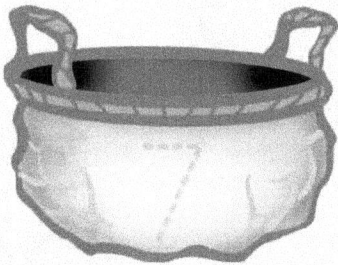

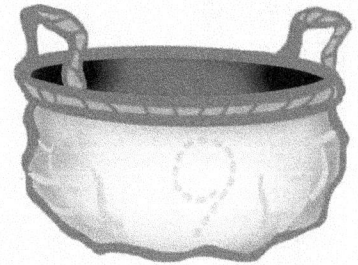

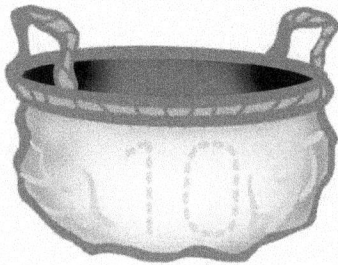

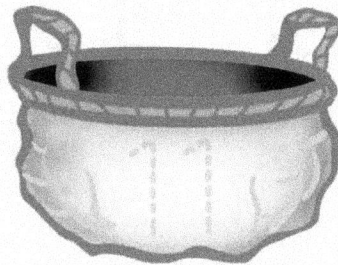

Bondye

Montre lanmou li atravè paran yo.

4
3
5
6
2
7
8
9
1
10
11
12
13
14
15

MWEN RELE:

Leson inite sa yo ap ede timoun yo konprann ke Bondye montre nou lanmou li atravè paran yo, gran papa, zanmi legliz la e Jezi. Pawòl lafwa ap anseye yo enpòtans pou yo konnen Bondye renmen yo tout menm jan. Li se inik ki kapab fè syèl la, tè a ak tout sa ki ekziste.Aktivite sa ap ede ou ranfòse pawòl lafwa pandan semèn nan.

Bondye   Montre lanmou li atravè paran yo.

BONDYE

Bondye

Montre lanmou li atravè gran papa yo

Timote ak gran mè li

MWEN RELE:

Leson jodi a se: "Bondye montre lanmou li atravè gran papa yo". Ede pitit ou pou desine oubyen kole yon foto gran papa li oubyen kèk fanmi gran-moun nan espas previ a. bay remèsiman ak Bondye paske li montre nou lanmou li atravè gran papa yo.

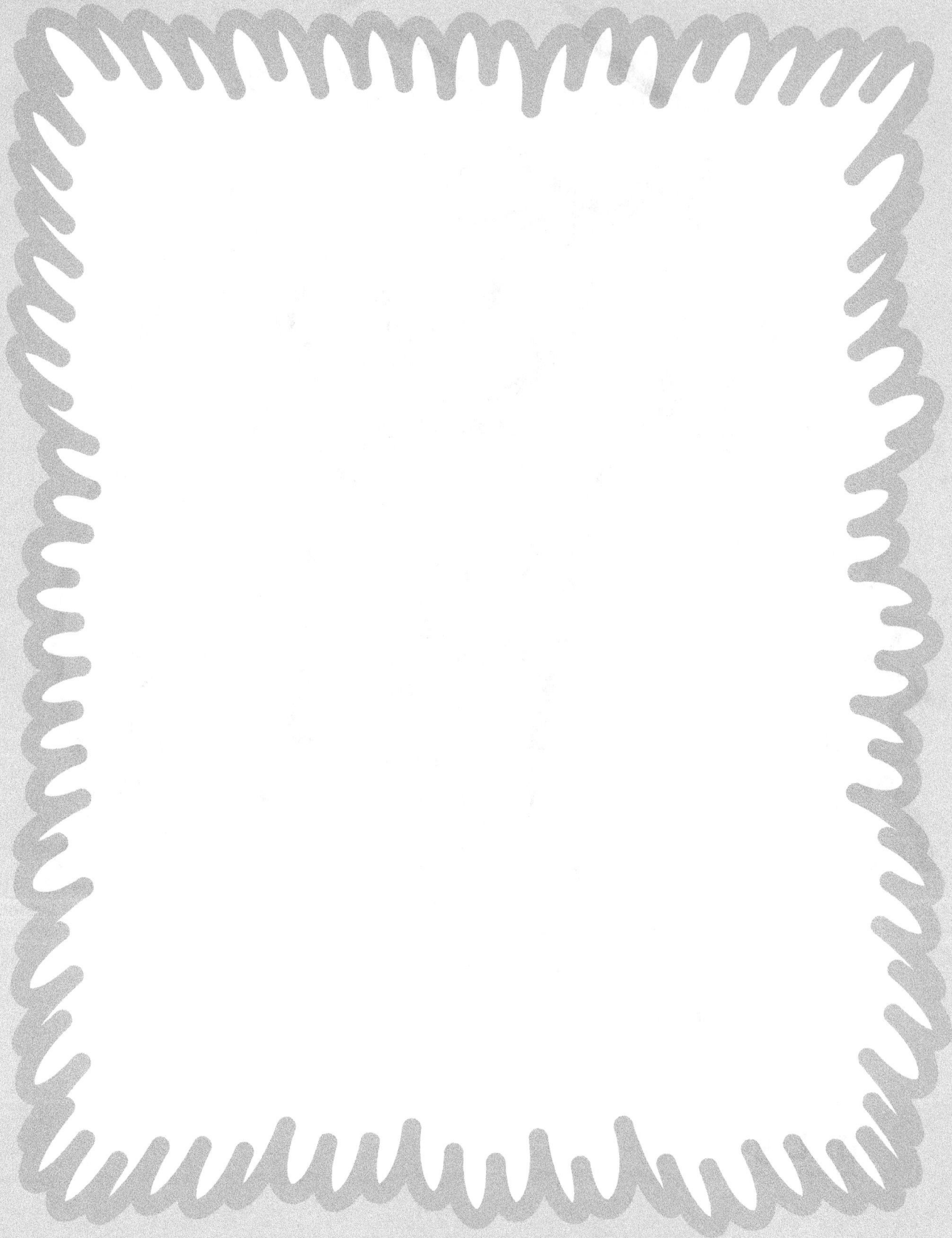

Bondye

Montre lanmou li atravè frè Legliz yo

LESON 11

MWEN RELE:

25

Leson jodi a se: "Bondye montre lanmou li atravè frè Legliz yo". Mande pitit ou pou fè yon desen sa ke li plis renmen fè ansanm ak zanmi Legliz yo.Motive li jwi amitye frè yo nan lafwa.

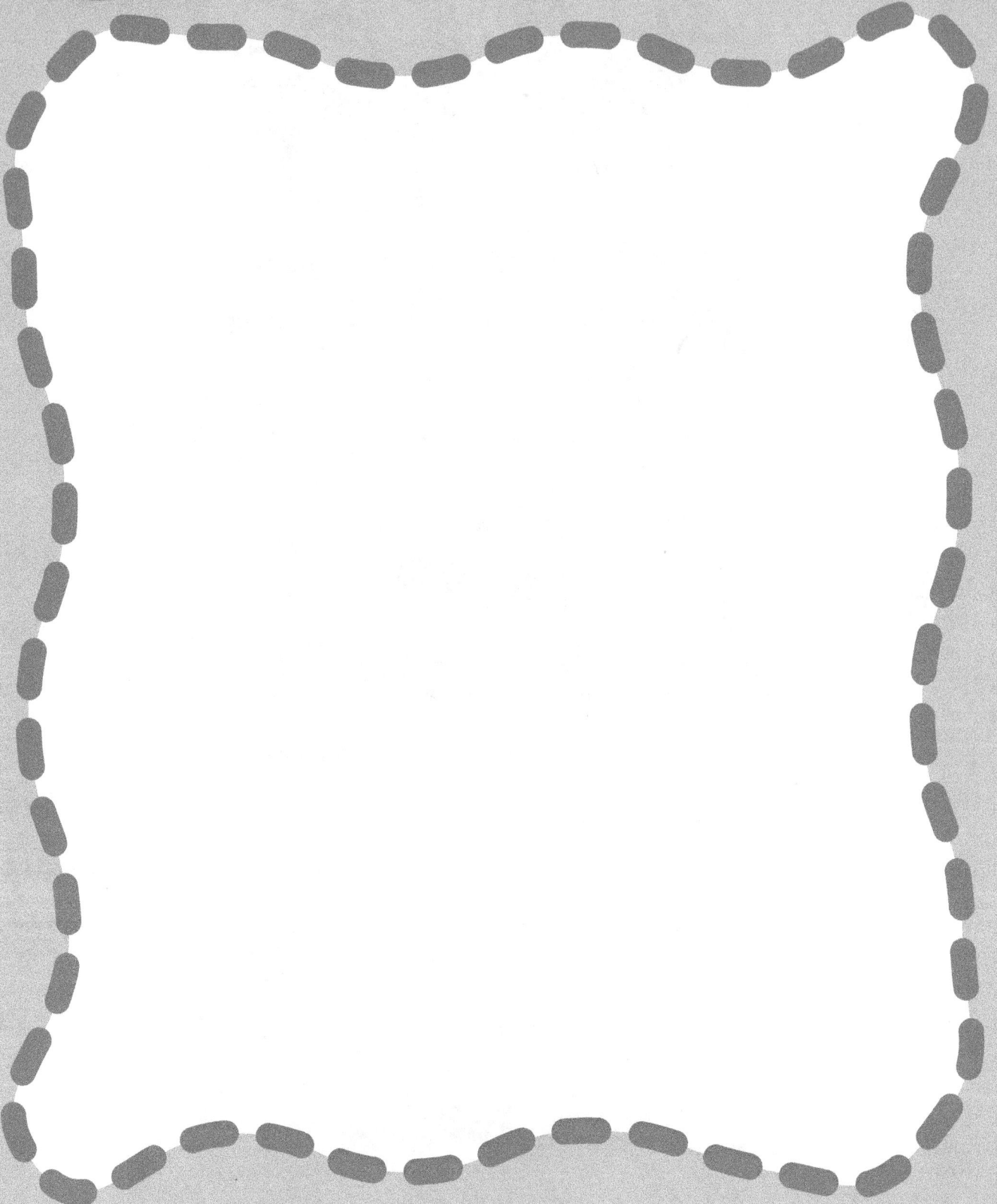

Bondye

Montre lanmou li atravè Jezi.

MWEN RELE:

Kole ansanm ak timoun yo tèt kase nan ti katon an, e aprè koupe li. Di yo
zame tèt kase a lakay ou, e y'ap raple istwa biblik la.

JEZI RESISITE LAZA

Labirent Laza

Kris vivan!

Ou se Kris la, Pitit Bondye vivan an.

(Sen Matye 16:16)

MWEN RELE:

" "Kris vivan" se pawòl lafwa pou senk semèn sa yo. Nou selebre rezireksyon Kris nan semèn sent, ki se yon fèt espesyal nan Legliz nou yo paske nou sonje ke Jezi, pitit Bondye a, vivan pou toujou. Transmèt lajwa ak pitit ou yo nan epòk sa e enpòtans ki genyen pou Devlopman espirityèl yo.

Chak leson pale nou sou lavi Jezi ak mistè li sou tè sa a. Konvèse ak pitit ou yo sou fason ke Kris kapab make lavi yo.

Jezi resisite a Laza	Sen Jan 11:1-23, 34-45
Jezi geri yon nonm avèg	Sen Mak 10:46-52
Jezi pale ak Pyè	Sen Matye 16:13-116
Jezi ale Jerizalèn	Sen Matye 21:1-11, 15-16
Jezi vivan!	Sen Jan 20:1-18

Kris vivan!

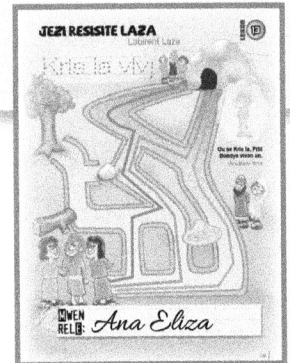

JEZI RESISITE LAZA
Laurent Laza
Kris la vivan
MWEN RELG: *Ana Eliza*

Desine kòmàn ou imajine ke laza te wè li lè li te soti nan tonm nan.

JEZI GERI YON NONM AVÈG

Ou se Kris la,
pitit Bondye
vivan an.

(San Matye 16:16)

Enstriksyon:

1. Koupe kat tablo.
2. kolorye tout foto yo.
3. Mete yo nan lòd 1 a 4.

4. Ini kat tablo yo pou fòme yon ti liv (ou kapab ajoute pòte a si ou dezire).

Jezi ak disip li yo pakou-
ri yon long chemen. Anpil
moun t'ap swiv li.

Batime pa te kapab wè.
Li te chita ap mande chari-
te arebò chemen an.

Jezi te geri Batime!
Kounye a li te kappa wè
epi li te kontan anpil.

Batime te bezwen èd Jezi
e li te vin wè.

disévivan!

JEZI PALE AVÈK PYÈ

Kris Vivan!

Lèt  Espesyal

Jezi

Jezi se pitit Bondye.

MWEN RELE:

Jodi a pitit ou yo te aprann ke Jezi se pitit Bondye. Li rejwi ansanm ak yo, e yo selebre rezireksyon li.

Kris vivan!

Ou se Kris la, pitit Bondye vivan an
(Sen Matye 16:16).

•Dekore lèt sa yo avèk kreyon ou kreyon koulè.

JEZI PALE AVEK PYE

Ann adore Jezi!

Kris vivan!

Ou se Kris la, pitit Bondye
vivan an.

(Sen Matye 16:16).

MWEN RELE:

Chè paran:

Jodi a pitit ou yo te eskperimante emosyon nan rantre tri-yonfal Jezi nan Jerizalèm. Prepare pandan pwochèn semèn leson an Dimanch Rezireksyon an.

Kris vivan!

JEZI VIVAN!

Kris vivan!

Ou se Kris la, Pitit Bondye vivan an

(Sen Matye 16:16).

MWEN RELE:

37

W'ap bezwen moso papye vè, krepe oubyen kèk lòt ki kapab sèvi ou pou estimile wòch yo. Pataje li ant elèv yo, e ede yo dekouvri kavo a tankou li montre nan ekzanp la

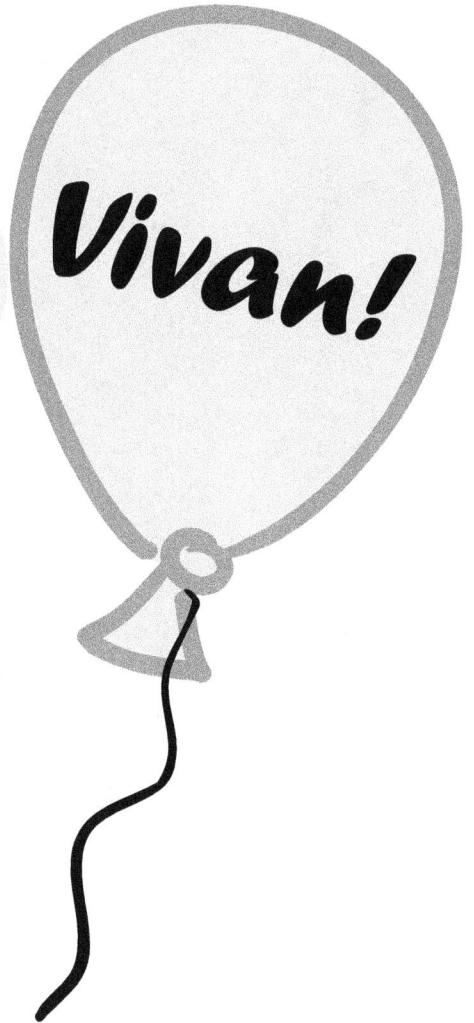

Jezi

Li

Vivan!

Kris vivan!

Chè paran: Selebre ansanm ak pitit ou yo lajwa Rezireksyon an pandan semèn sa a, e raple ke Jezi, pitit Bondye a vivan pou toujou!

BONDYE TE FÈ MOND LA

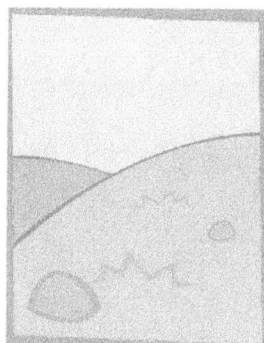

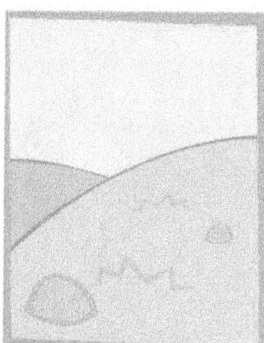

Enstriksyon:
1. Ede timoun yo koupe tablo lèt la.
2. Melanje kat yo epi mete yo bouch anba sou tab la.
3. Chak timoun ap ap vire de kat yo e, Lè yo jwenn pè yo, y'ap rakonte sa ke desen yo montre yo sou istwa biblik la.
4. Y'ap sere lèt yo nan yon valiz plastik pou timoun yo kapab pote yo lakay yo.

BONDYE TE FÈ LÒM

Bondye se Kreyatè Nou

Bondye te fè tout sa ki ekziste.

Ki sa ki nan non ou?

MWEN RELE:

Bondye se **Kreyatè Nou**

Bondye te fè tout sa ki ekziste.

Chè paran:

Jodi a pitit ou te aprann ke Bondye se Kreyatè (Jenèz 1:27-31; 2:8, 15, 19-20). Pawòl lafwa se "kreyatè". Bondye te fè mond la ak tout sa ki ladann. Nan lafen, Bondye te fè Adan ak yon moun pou ede li, Èv.

Bondye te fè tout animal yo, desine sa ou prefere.

ADAN AK ÈV TE DEZOBEYI BONDYE

Bondye se Kreyatè Nou

8 9 10
7
11 12
13
6 14
15
5 16
4 17
3 18
2 1 20 19

¡Oh-oh!

MWEN RELE:

Adan ak Èv te dezobeyi Bondye; yo te pran yon move desizyon, men Bondye te kontinye renmen yo. Jodi a pitit ou te aprann ke lè moun yo pran move desizyon sa toujou pote konsekans; men menmsi pafwa nou twonpe nou menm, Bondye kontinye renmen nou. Pale avèk pitit ou sou kòman Adan ak Èv te dezobeyi Kreyatè a.

Aprè, ede li kole nan lòd foto yo, w'ap jwenn nan seksyon koupaj la, ankadreman enferyè nan istwa biblik la. Ede li panse tou nan ki fason li kapab pran desizyon korèk epi obeyi Bondye.

Bondye se **Kreyatè Nou**

Dezobeyizans ak Bondye...

1   2   3

...Mwen pral obeyi Bondye!

NOYE TE OBEYI BONDYE

De pa de   Bondye se Kreyatè Nou

Bondye te fè tout sa ki ekziste.

Bondye te di Noye pou li konstwi yon bak. Lè li te prè, zannimo yo te rantre de pa de. Desine yon liy ki ini pè zannimo yo.

MWEN RELE:

Tout nan bak la!

Bondye
se

Kreyatè Nou

2 2 2

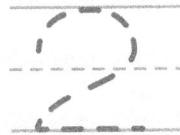

Kòman zannimo yo te rantre nan bak la? (De pa de).

BONDYE TE FÈ YON

Pwomes ak Abraram

MWEN RELE:

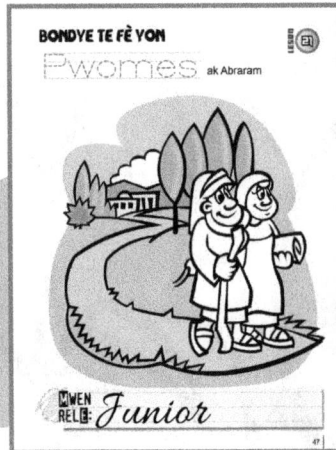

BONDYE TE FÈ YON
Pwomes ak Abraram

MWEN RELE: Junior

Bondye akonpli Pwomes li yo

Chè paran:

Leson inite sa yo ap ede timoun yo konprann ke Bondye akonpli pwomès li yo. Pawòl lafwa inite a se "pwomès". Yon pwomès pou akonpli. Eksplike pitit ou ke nou kapab konfye nan Bondye paske Li toujou akonpli pwomès li yo.

LÒT PRAN YON DESIZYON

MWEN
RELE:

MWEN KAPAB DESIDE!

Lòt te pran yon desizyon. Ou menm tou ou kapab deside. Fè yon desen kèk bagay ke ou kapab fè nan kay ou.

Bondye akonpli Pwomes

ke li te fè ak Abraram

MWEN RELE: Jaime

51

Che paran

Leson jodi sa a se: "Bondye akonpli pwomès ke li te fè ak Abraram". Di pitit ou ke Bondye akonpli tout pwomès li yo ke li fè ak fanmi li. Ede li kole yon fotografi oubyen yon desen fanmi li nan rantre nan kap la.

NESANS ISARAC

MWEN
RELE:

Bondye akonpli Pwomes

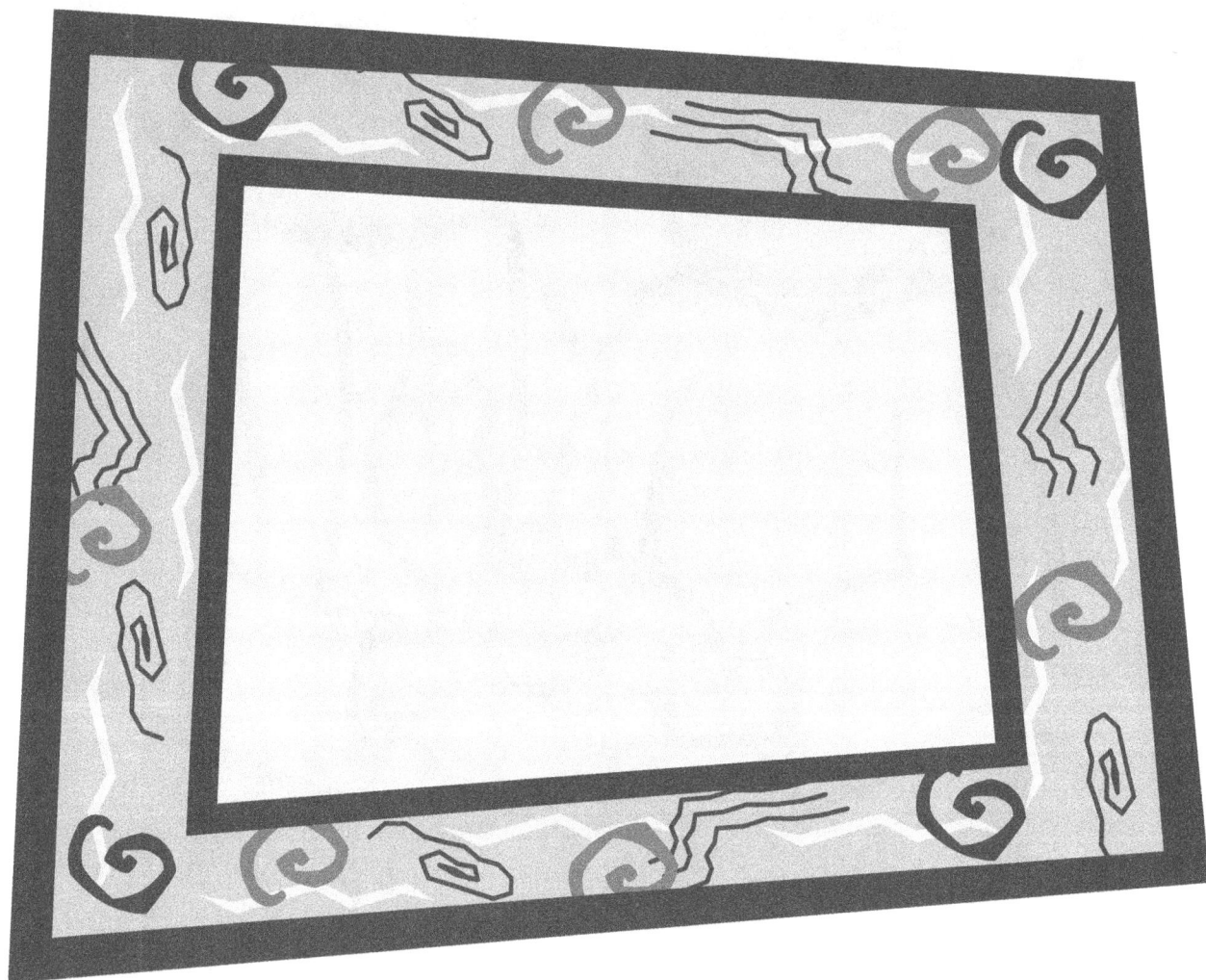

ELYEZÈ JWENN YON MADANM POU IZARAK

MWEN RELE:

Bondye akonpli Pwomes **li**

Jakòb

Renmen **pitit li**
Jozèf

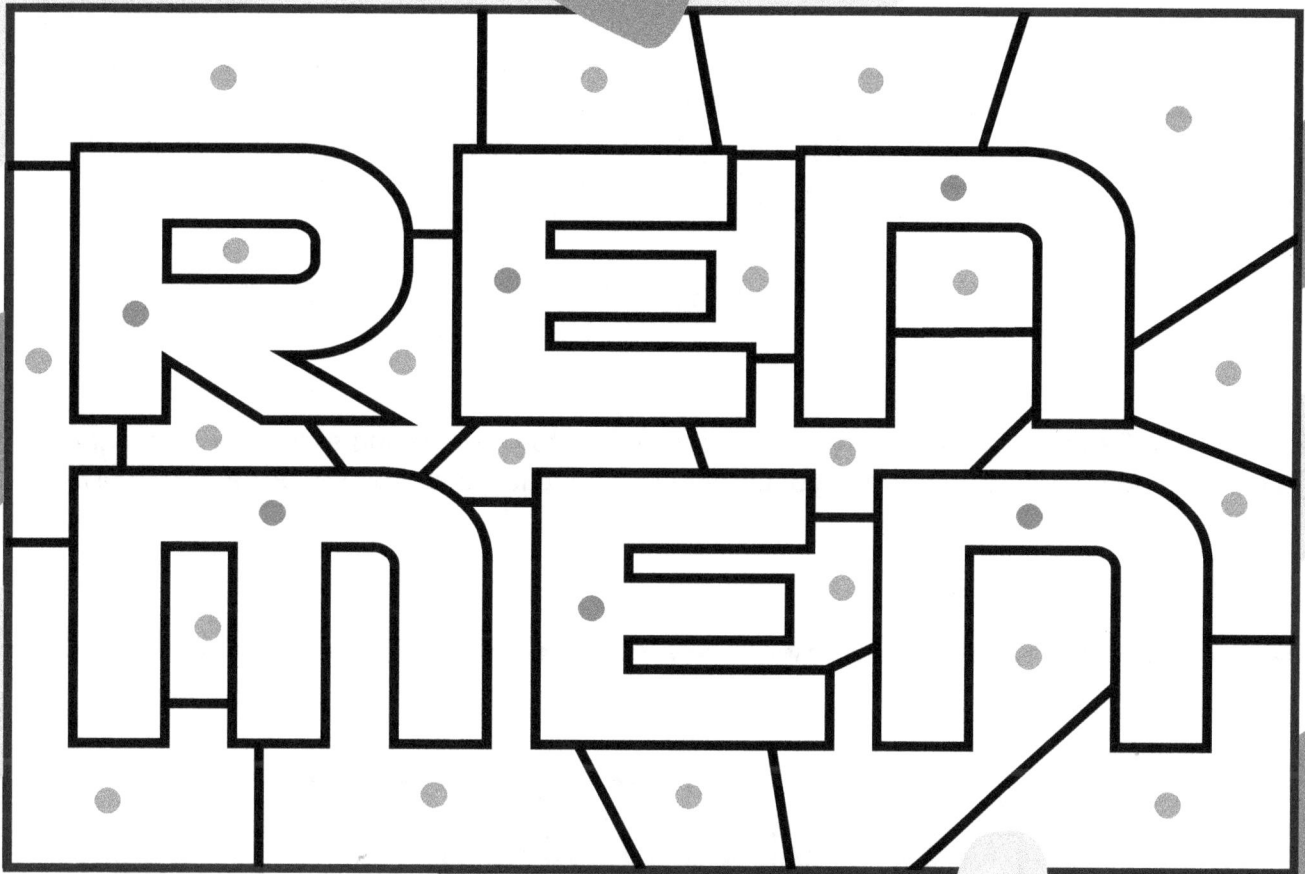

Pentire ak koulè wouj lèt ki make yo ak
pyen pou jwenn mo kache a.

MWEN RELE:

Bondye vle fanmi
an demontre Renmen li

Chè paran:

Leson inite sa yo ap ede timoun yo konprann ke Bondye vle fanmi an renmen epi pran swen youn lòt. Bondye renmen tout moun egal. Istwa biblik inite sa a rakonte nou sou fanmi Jozèf. Konvèse ak pitit ou sou lanmou Bondye. Anime fanmi ou pou renmen nan menm fason ke Bondye renmen nou an.

Enstriksyon: Fè kopi rektang enferyè a. Timoun yo kapab itilize yo pou ekri lèt ak manm fanmi yo e eksprime yo anpil nan renmen yo; oubyen yo kapab itilize tankou separatè (siyalè) liv.

RENMEN

JOZÈF RANKONTRE FRÈ LI YO

MWEN
RELÈ:

Enstriksyon: chèche nan Seksyon koupaj foto frè Jozèf yo. E ke timoun nan kole li nan sòti laberent la. Aprè eseye jwenn chemen pi kout la pou rive ak yo. Li Ekzisiste twa chemen distenk. Trase wout chak chemen avèk koulè diferan.

JOZÈF EDE FANMI LI

MWEN
RELÈ:

JOZÈF EDE FANMI LI

LESON 29

MWEN RELE: *Monte*

61

Enstriksyon: Elèv yo ki vle li kapab kole fèy aktivite a nan papye konstriksyon oubyen papye bristòl la.

Jakòb Renmen

Pitit pitit li yo.

Fanmi Nou

Enstriksyon: Mande timoun yo ke nan chak tablo desine diferan manm nan fanmi li. Fè yo konnen ke Bondye vle fanmi yo renmen ak pran swen youn lòt.

BONDYE PWOTEJE MOYIZ

Bondye nou an

bon epi pran swen

Sa yo ki konfye

Nan li

(Nawoum 1:7)

Bebe Moyiz

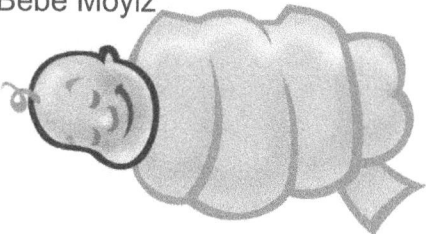

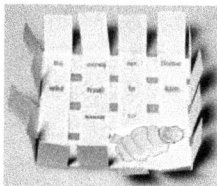

Enstriksyon: Koupe avèk swen uit lans papye nan pati siperyè foto bebe Moyiz. Ede timoun yo mete sou tab la kat lans sou fòm vètikal. Aprè ranje lans ki rete yo nan fason orizontal, tankou yo montre li nan ekzanp la. Ini lans yo ak kòl, pandan y'ap fòme yon ti panye, lese tèks la nan pati siperyè a. Kounye a se tan pou mete bebe Moyiz nan ti panye a.

65

Chè paran: Jodi a nou te aprann sou yon bebe ke yo te mete nan yon panye. Se te Moyiz. Bondye te pran swen li, nan menm fason an li pran swen nou. Ankouraje timoun yo Ke w'ap rakonte istwa bebe Moyiz pandan semèn sa a (Ekzòd 2:1-10).

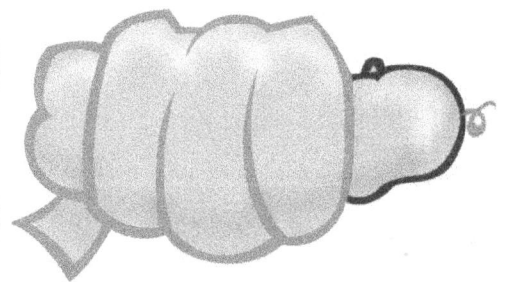

MOYIZ OBEYI BONDYE

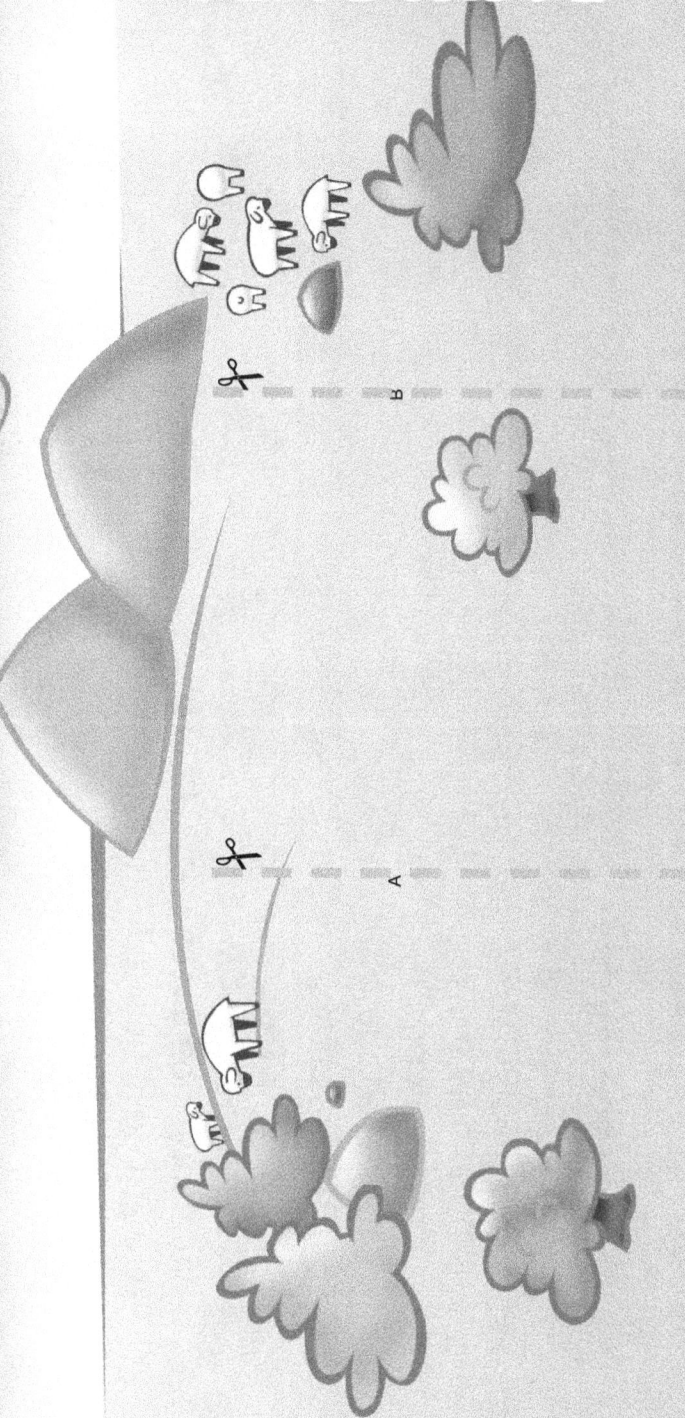

Bondye nou an bon e pran swen sa yo ki konfye nan li (Nawoum 1:7).

Moyiz obeyi Bondye. Mwen tou mwen vle obeyi Bondye.

Desen1

Desen1

Enstriksyon:
Koupe sèn dezè a ak lans desen ke ou jwenn adwat la. Fè dechire yo nan fason vètikal, kote ki endike lèt A ak B nan menm sèn sa a. Ede timoun yo:

1. Ensere lans desen sèn nan dezè a. tankou li montre nan ekzanp la.
2. Kole ekstrèm lans desen an kote yo montre lèt A ak B.
3. Fè yon rapèl nan istwa biblik la pandan w'ap lanse desen an, montre foto 1 nan premye lye e aprè 2 a.
4. Di yo nan ki fason ke yo kapab obeyi Bondye. Eksplike yo ke Bondye te pran swen Moyiz paske li te obeyi li. Nou kapab obeyi Bondye tou. Bondye kontan lè nou obeyi li.

Chè paran:

Anime pitit ou
pandan w'ap rakonte
istwa sou "Moyiz ak
wonz Adan" (Ekzòd
3:1-12).

Moyiz te obeyi
Bondye e nou
kapab fè li tou.
Pale ak pitit ou
nan obeyisans ak
Bondye e ki jwa
pou li lè nou obeyi li.

MOYIZ KONFYE NAN BONDYE

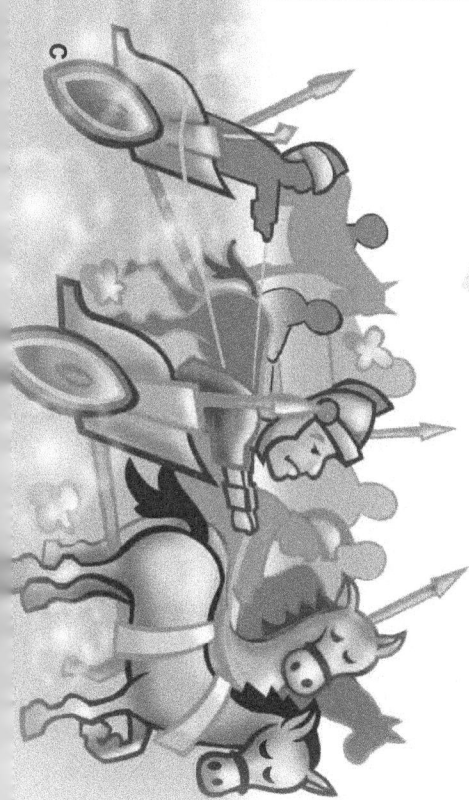

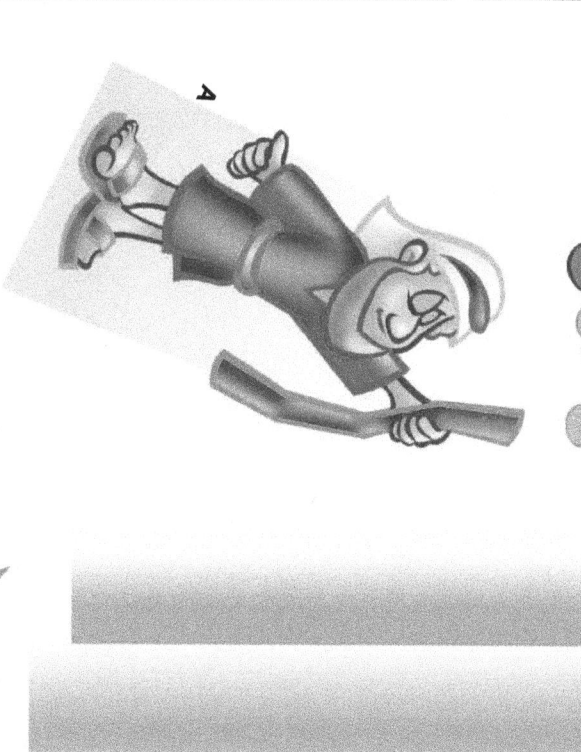

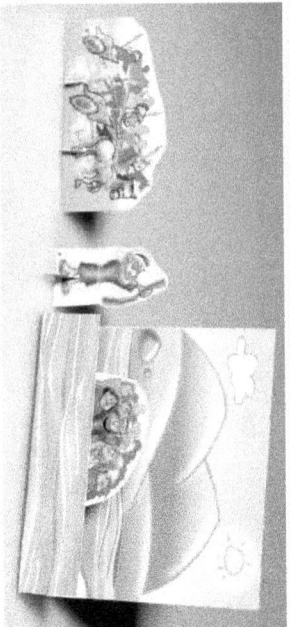

Enstriksyon: Koupe foto Moyiz yo, Izrayelit yo, lame ejip la ak baz koupaj yo. Chak foto dwe kole nan pati enferyè nan yon baz koupaj. Ede timoun yo ak devwa sa a. Apre, mete foto lanmè sou sèn nan, e reprezante pasaj izrayelit yo nan lanmè wouj, konsa lè dlo a kouvri lame ejip la (konsilte ekzanp la). Pèmèt timoun yo rakonte sa ke yo te aprann nan istwa biblik la. Raple yo ke Bondye te ede Moyiz ak israyelit yo lè yo t'ap kouri pou Farawon. Nou kapab konfye tou ke Bondye ap ede nou nan sitiyasyon difisil yo, paske li renmen nou epi pran swen nou.

Chè patan:

Istwa jodi a nou jwenn nan Ekzòd 14:1-31. Bondye te ede pèp Israyèl la travèse lanmè wouj. Pitit ou te aprann ke Moyiz te konfye nan Bondye, e ke nou menm nou kapab fè li tou. Ede yo raple vèsè ki di: "Bondye nou an bon epi pran swen sa yo ki konfye nan li" (Nawoum 1:7). Priye ansanm, bay remèsiman ak Bondye pou pwoteksyon ak lanmou li.

MOYIZ KONFYE NAN BONDYE

Enstriksyon: Koupe ak swen sis lèt epi mete yo sou tab la, nan yon fason pou desen yo dirije anba. Yo Chak ap pran de kat. Si desen yo egal, l'ap genyen de sa a, e konsa youn apre lòt. Nan finisman jwèt la, raple istwa jodi a ranje lèt yo nan lòt.

Chè paran: Mande pitit ou pou montre sa ke li te aprann jodi a nan klas la kote l'ap itilzie jwèt pa kè. Poze kesyon an toutotou istwa biblik Ekzòd la15:22-27, pèp Israyèl jwenn dlo anmè.

BONDYE BAY PÈP LI A MANJE

Enstriksyon: Koupe foto zèl yo ak kal yo. Pèmèt ke timoun yo pentire zwazo yo.
Avèk anpil swen, y'ap fè yon koupe vètikal anlè nan tèks biblik la (gade ekzanp la). Ede yo entwodwi zèl yo nan koupi a ak mete yo nan mitan. Yo kapab kole kal yo nan de baton oubyen palèt jele pou yo kapab tankou ti maryonèt piti. Si yo prefere li, yo kapab vire toutotou salon an avèk zwazo ki fini yo pandan y'ap repete tèks pou aprann nan.

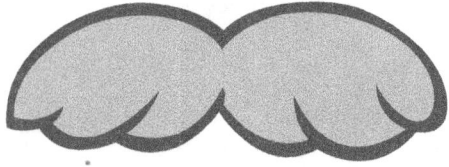

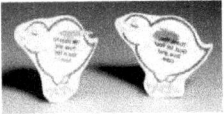

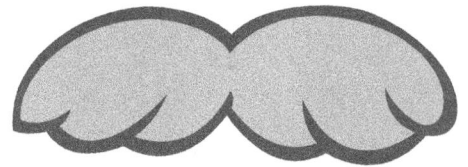

JOZAFA VOYE MÈT YO AK PÀWOL BONDYE

LESON 36

Bib la

se yon liv espesyal.

Jozafa obeyi
pawòl Bondye.

M'ap obeyi pawòl ou

(Sòm 119:17)

MWEN RELE: ____________________

Koupe epi double sou fòm woulo.

Woulo Jozafa a.

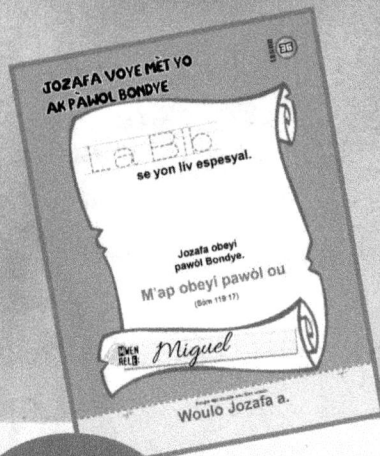

JOZAFA VOYE MÈT YO
AK PAWOL BONDYE

La Bib
se yon liv espesyal.

Jozafa obeyi
pawòl Bondye.

M'ap obeyi pawòl ou
(Sòm 119:17)

Miguel

Woulo Jozafa a.

Chè Paran:

Pawòl lafwa nou pou kat semèn sa yo se: Labib. Se bèl pawòl k'ap ede pitit ou yo konprann plis sou siyifikasyon pawòl Bondye. Nou selebre ke Labib se yon liv espesyal ki pale nou sou Bondye, e ki ede nou konnen li plis. Itilize pawòl sa a lè w'ap pale ak pitit ou. Pale sou istwa biblik favori yo.

M'ap obeyi
Pawòl ou

(Sòm 119:17)

Bib la se yon liv espesyal.

Bib la Pale nou de Bondye.

Kole isit la foto Labib la.

MWEN RELE:

Chè Paran:

Labib pale nou sou Bondye epi ede nou konnen li plis. Jodi a istwa biblik la se sou Moyiz ak dis kòmandman yo. Pitit ou te aprann ke Bondye te bay pèp li a lòd pou yo te kapab konnen kòman pou yo viv. Nou kapab obeyi kòmandman sa yo jodi a paske yo se Labib.

Ede pitit ou akonpli yo ak konprann yo.

JOZYAS LI PAWÒL BONDYE YO

Bib la se yon liv espesyal ki pale nou de Bondye.

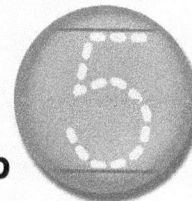

Konbyen woulo ou kapab jwenn nan tanp kraze sa?

Konbyen woulo moun k'ap ede wa Jozyas yo te jwenn?

MWEN RELE:

JOZYAS LI PAWÒL BONDYE YO

Bib la **se yon liv espesyal.**

Bib la

pale nou de Bondye pou ede nou konnen li.

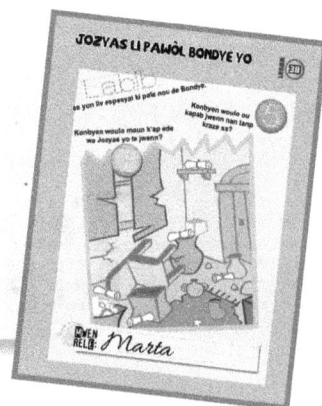

JEREMI PWOKLAME PAWÒL BONDYE A

Biblia

se yon liv espesyal.

M'ap obeyi Pawòl ou.

(Sòm 119:17).

MWEN RELE:

Ki liv espesyal ki ede nou konnen Bondye?

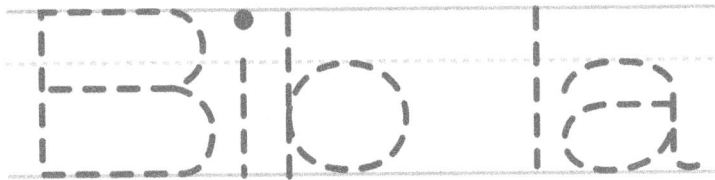

LABIB

Bib la pale nou de Bondye.

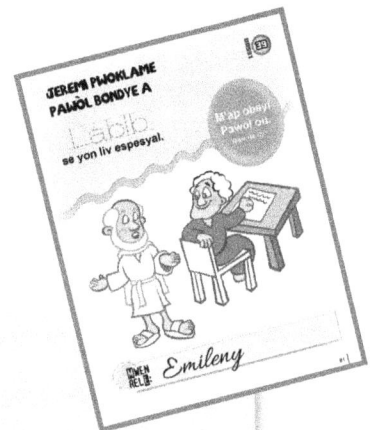

Chè Paran:

Sa se dènye semèn kote "Bib la" ap pale sou pawòl lafwa. Kontinye itilize li nan konvèsasyon pitit ou yo chak jou. Poze yo kesyon sou istwa jodi a: **"Jeremi pwoclame pawòl Bondye a"** (Jeremi 36:1-10).

POUVWA BONDYE NAN JERIKO

MIRAY YO TONBE

A

B

Kole li nan B.

Bondye nou
an gran e
pouvwa li
gran.

(Sòm 147:5)

Bondye
gran e
puisan.

doublè

doublè

doublè

3

1

1

2

2

Bondye
gen

Pouvwa

3

MWEN
RELE:

Bondye gen Pouvwa
gen

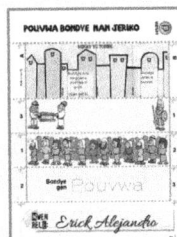

POUVWA BONDYE LÈ LAPLI PA TONBE

Bondye gen

POUVWA

Seyè nòn an gen pouvwa. (Sòm 147:5)

MWEN RELÈ:

Chè Paran:

Pawòl lafwa nou pou inite sa a se "pouvwa". Nou te aprann ke pouvwa Bondye imans. Bondye te itilize li pou ede Eli. Eksplike pitit ou ke Bondye te montre pouvwa li ak Eli paske li te renmen e obeyi Bondye.

Repase istwa biblik la ansanm ak pitit ou, itilize ilistrasyon sa a.

Ou kapab li pawòl yo pandan pitit ou ap nome foto yo.

Figi 1: Eli; figi 2: kòbo; figi 3: Eli; figi 4: Eli; figi 5: solèy; figi 6: lapli.

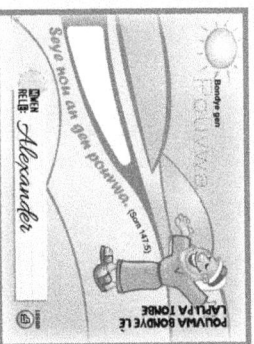

Bondye bay manje epi voye yo

Bondye te pran swen li

Bondye te montre lanmou li lè li

te fè cho anpil epi pa te gen

Bondye gen P O U V W A

POUVWA BONDYE SOU MÒN KAMÈL LA

Bondye voye dife

1

3

2

4

Bondye gen

Pouvwa

Bondye

nou

an

e

gran

Pouvwa

Li gran

Chè Paran:

Pitit ou jodi a te aprann sou kòman Bondye te ede Eli bat pwofèt Baal yo. Bondye te voye dife nan syèl la ki te brile otèl Eli te prepare a, e tout moun te kwè nan mèvèy pouvwa Seyè a (1Wa 18:16-39).

Siyale chak flam dife, e repete ansanm ak pitit ou chak mo nan vèsè pou aprann nan. Ede li trase pawòl lafwa, e eksplike ke pouvwa Bondye enfini e li pa gen konparezon.

POUVWA BONDYE SOU MÒN KAMÈL LA

Bondye voye dife

Bondye gen **Pouvwa**

Ana

Pouvwa

(Sòm 147:5)

POUVWA BONDYE NAN FOU DIFE A

MWEN RELE:

1   2   3   4

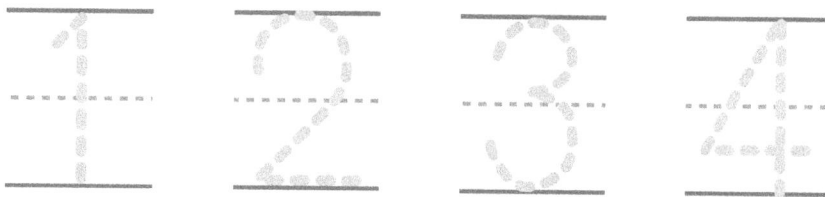

Bondye nou an gran e pouvwa li gran (Sòm 147:5).

Bondye gen Pouvwa

Pandan jou sa a, pitit ou te aprann kòman pouvwa Bondye te libere Sadrak, Mesak ak Abèdnego nan fou dife a (Danyèl 3:8-28). Eksplike li ke Bondye pran swen li tou e pwoteje li jou apre jou.

Fèmen nan yon sèk foto yo ke ou kwè ke yo pakap sipòte dife a. Raple ke Sadrak, Mesak ak Abèdnego te sipòte flanm cho yo paske Bondye te pwoteje yo. Bondye pi puisan ke nenpòt ki bagay.

POUVWA BONDYE AK DANYÈL NAN FÒS LYON AN

Bondye gen **Pouvwa**

MWEN RELE:

Bondye te itilize
Pouvwa
li pou sove Danyèl!

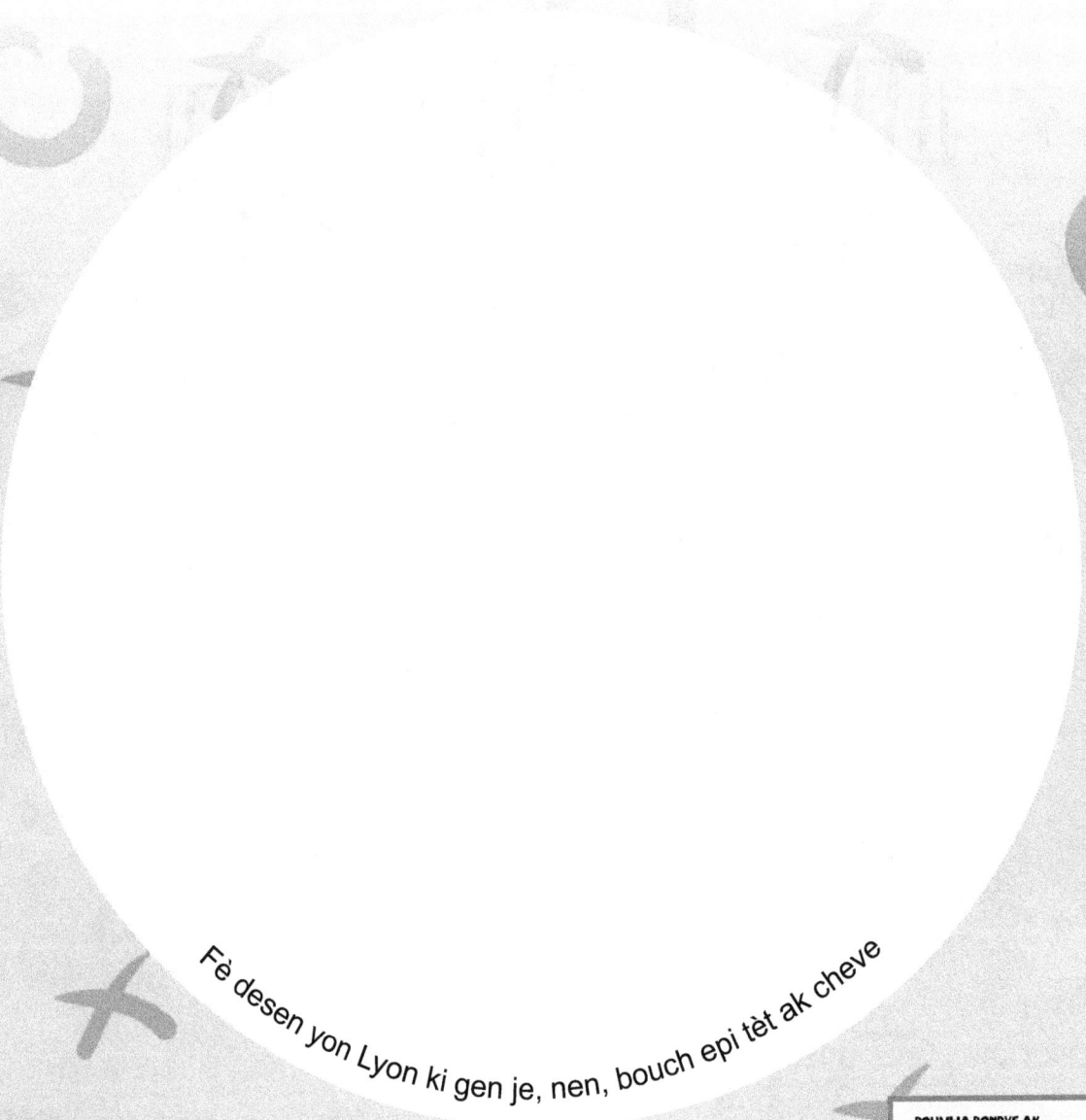

Fè desen yon Lyon ki gen je, nen, bouch epi tèt ak cheve

Chè Paran:

Jodi a nou te aprann sou kòman pouvwa Bondye te sove Danyèl nan fòs lyon an. Bondye te fèmen bouch zannimo yo pou yo pa te dechire li (Danyèl 6:1- 23). Repete ak pitit ou vèsè pou aprann nan e anime li konfye nan Bondye lè li twouve nan sitiyasyon ki danje.

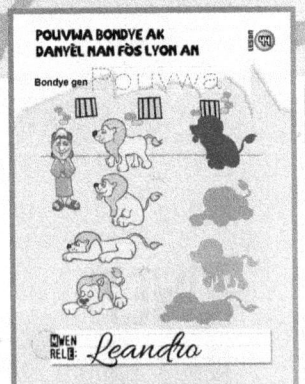

POUVWA BONDYE AK
DANYÈL NAN FÒS LYON AN

Bondye gen Pouvwa

MWEN RELE: Leandro

PYÈ PALE DE JEZI

Yon disip

Jezi

Se yon moun ki renmen Li e ki pale lòt moun de Li.

Pa kite yo anseye e anonse bòn nouvèl yo ke Jezi se Mesi a. (Travay apot 5:42).

MWEN RELE:

Kiyès ki disip *Jezi* **nan istwa biblik nou jodi a?**

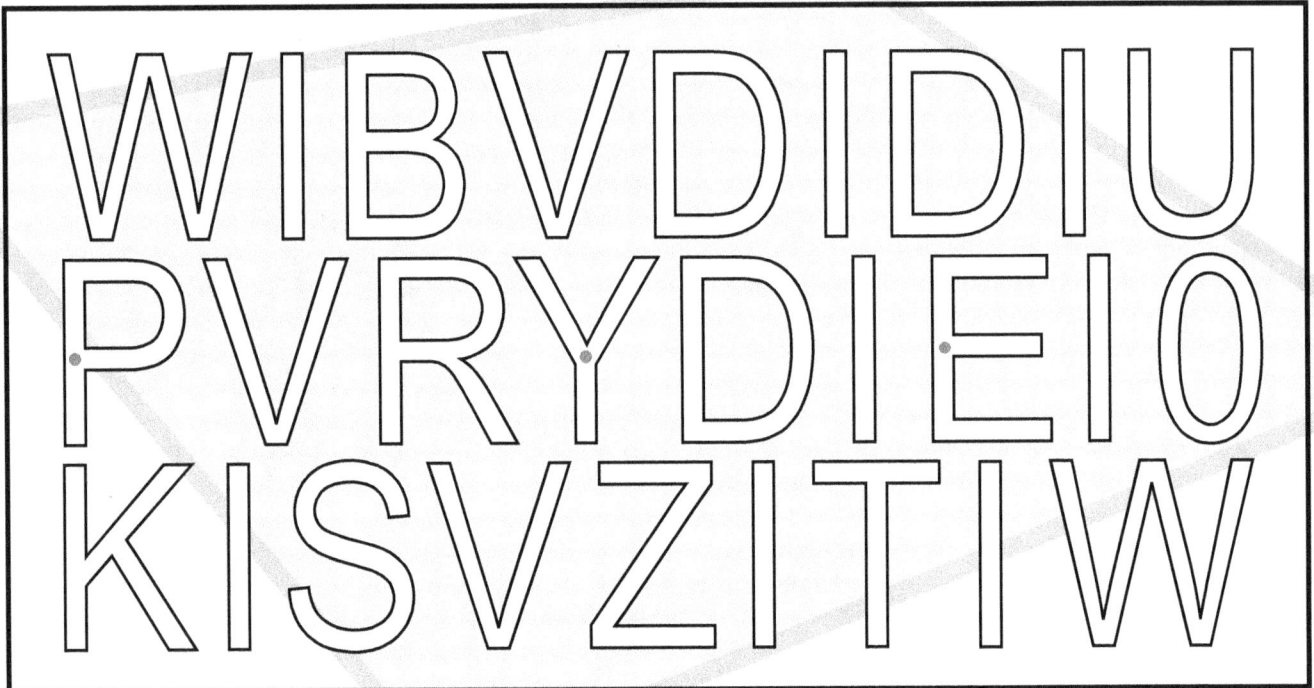

```
W I B V D I D I U
P V R Y D I E I O
K I S V Z I T I W
```

Bay koulè wouj lèt yo ak pwen e jwenn non kache a. Pentire ak diferan koulè rès lèt yo.

Nou menm tou nou kapab disip!

PYÈ PALE DE JEZI

Yon disip
Jezi
Se yon moun ki renmen Li e ki pale lòt moun de Li.

Pa kite yo anseye e anonse bòn nouvèl yo ke Jezi se Mesi a. (Travay apot 5-42).

MWEN RELIE: *Betsaida*

Chè Paran:

Jodi a pitit ou te konnen yon nouvo pèsonaj biblik: disip Pyè. Pawòl lafwa pou inite sa a se "disip". Pandan leson sa yo pitit ou ap aprann kisa sa siyifi disip Kris atravè istwa yo sou lavi pyè. Pale ak timoun ou sou kisa sa siyifi swiv Kris, eksplike li ke yon disip se yon moun ki renmen Jezi e ki pale lòt de li.

PYÈ TE EDE YON NONM KOKOBE

Pyè te yon disip

Jezi

Pa kite yo anseye e anonse bòn
nouvèl yo ke Jezi se Mesi a.
(Travay apot 5:42, NVI).

MWEN RELE:

Yon disip Jezi se yon moun ki renmen Li e ki pale lòt yo de Li.

Fè desen ou menm menm. Obsève vizaj ou nan yon miwa. Kisa ou wè? Ou se yon moun enpòtan pou Kris, li remen ou. Se konsa Pyè te fè li, ou kapab pale lòt yo sou zanmi ou Jezi

Chè Paran:

Jodi a pitit ou te etidye kòman Pyè te geri yon nonm ki pa te ka mache e li te ba li mesaj levanji la. Pyè se te yon **disip Jezi** e li te vle pale tout moun sou Mesi a. Mande pitit ou pou rakonte istwa biblik la jodi a: Pyè geri yon paralitik nan pòt tanp la"

(Travay apot 3:1-10)

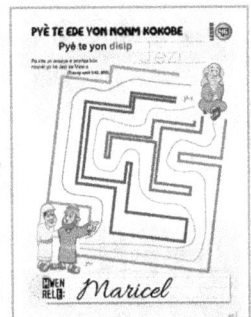

PYÈ TE EDE YON NONM KOKOBE
Pyè te yon disip

Maricel

PYÈ RAKONTE BÒN NOUVÈL YO

Yon disip Jezi se yon moun ki renmen li e ki pale lòt yo de Li.

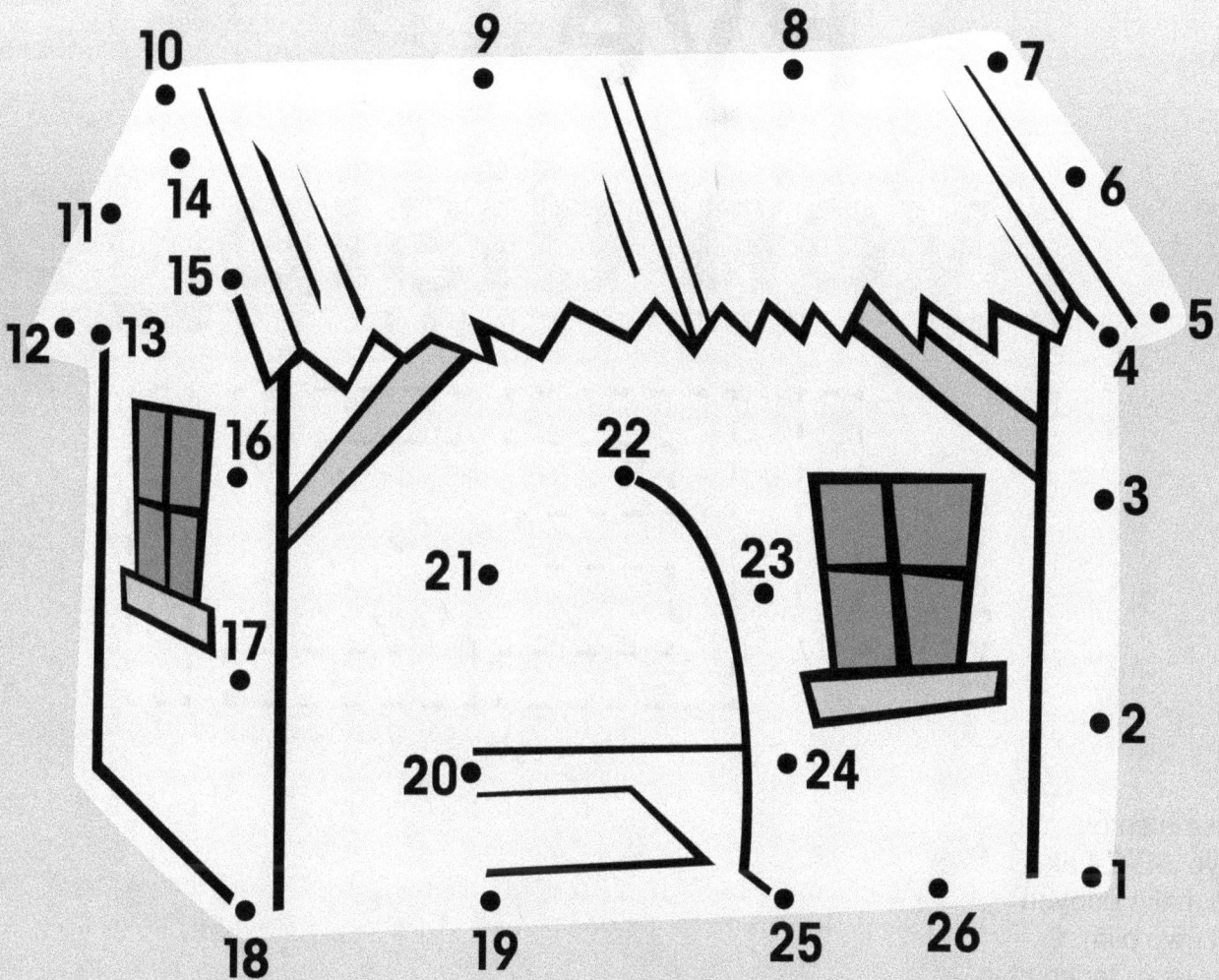

10 9 8 7

11 14 6

15 5

12 13 4

16 3

22

21 23

17 2

20 24

18 19 25 26 1

Pa kite yo anseye ak anonse bòn nouvèl ke Jezi se Mesi a.
(Travay apot 5:42, NVI).

MWEN RELE:

Pyè te yon disip JEZI

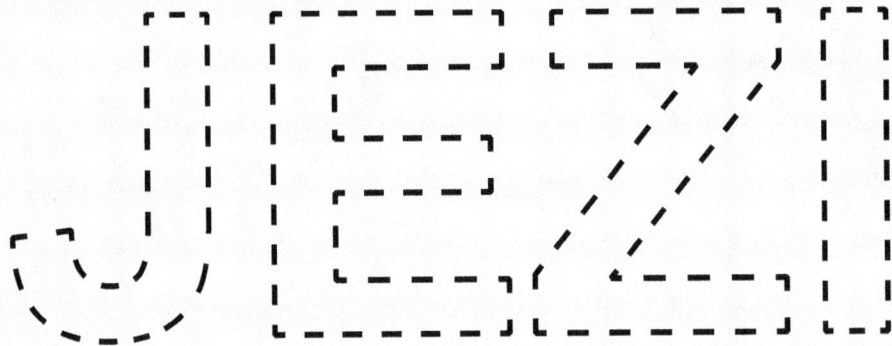

Trase alantou lèt yo J-E-Z-I ak yon makè oubyen yon gwo plim, e dekore yo tankou jan ou renmen li.

Chè Paran:

Jodi sa a pitit ou te aprann ke lanmou Kris la se pou tout moun. Mande li rakonte istwa a ke nou etidye jodi a: "Pyè vizite yon kapitèn 100 sòlda ki te rele kònèy" (Travay apot 10:1-2, 17-24, 28, 34-36).

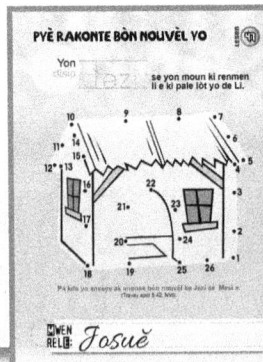

ZANMI PYÈ YO PRIYE POU LI

1 Pyè se te disip Jezi

Pyè nan prizon

4 Pyè te rasanble ak zanmi l yo

Yo pa t sispann anseye ak preche bon nouvèl ke Jezi se Mesi a

(Travay 5:24)

2 Zanmi Pyè yo te priye.

3 Bondye te voye yon zanj libere Pyè.

Koupe ak kole nan paj 1 ti liv sa.

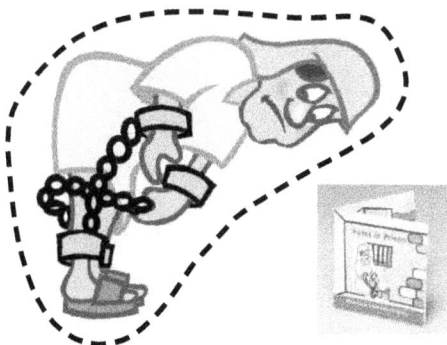

Koupe sèn nan, e double li pou liy pyentiye yo pou fòme yon ti liv (wè ekzanp la). Koupe foto yo, e ke timoun yo ap mete yo yon kote kòrèk selon relans biblik la. Yo kapab kolorye li si yo vle.

Koupe ak kole yo nan paj 3 ti liv sa a

BONDYE PWOMÈT L'AP VOYE PITIT LI

Double dèyè a

Double dèyè a

Bondye te demontre ke li renmen nou lè li te voye nan mond la Jezi, inik pitit li (1 Jan 4:9, BLA)

Double dèyè a

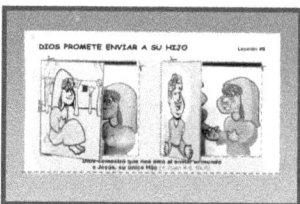

Enstriksyon: Koupe foto tablo yo. Ede elèv raple istwa biblik la pandan y'ap desen yo. Envite yo pentire foto yo ki pa gen koulè. Pandan y'ap reyalize aktivite sa a, y'ap repase tèks pou aprann nan.

Chè Paran:

Jodi a piti ou a te aprann sou sou selebrasyon dat Jezi te fèt la. Nou te etidye ke Bondye te pwomèt li t'ap voye Pitit li Jezikris, Mesi a. Nou selebre dat li te fèt la nan tan nwèl. Istwa biblik la pale nou de vizit ke zanj Gabriyèl te fè Mari pou ba li bon nouvèl ki te soti nan Bondye. Se limenm ki ta vin manman yon sèl Pitit Bondye a (Lik 1:26-35, 38). Pandan semenn sa a, pale ak pitit ou a de lanmou Bondye a, epi prepare l pou lajwa ak kè kontan ke nowèl la pote".

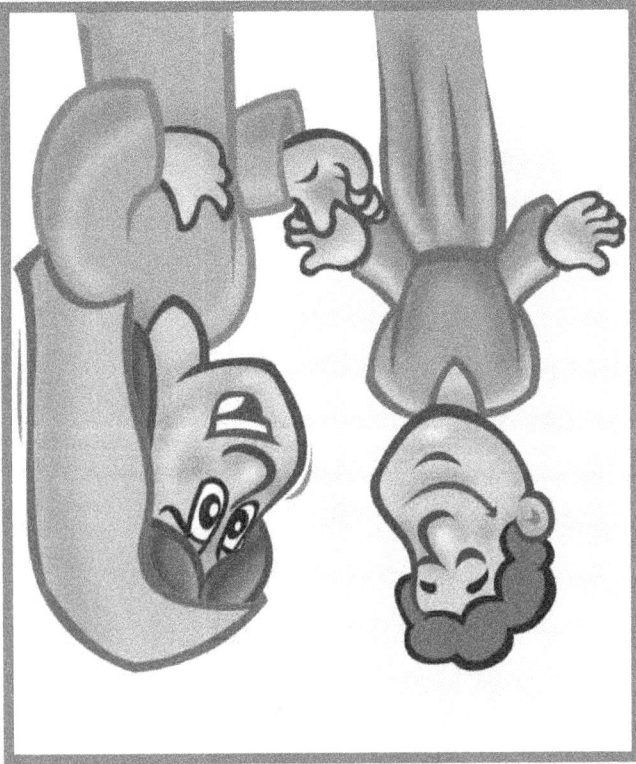

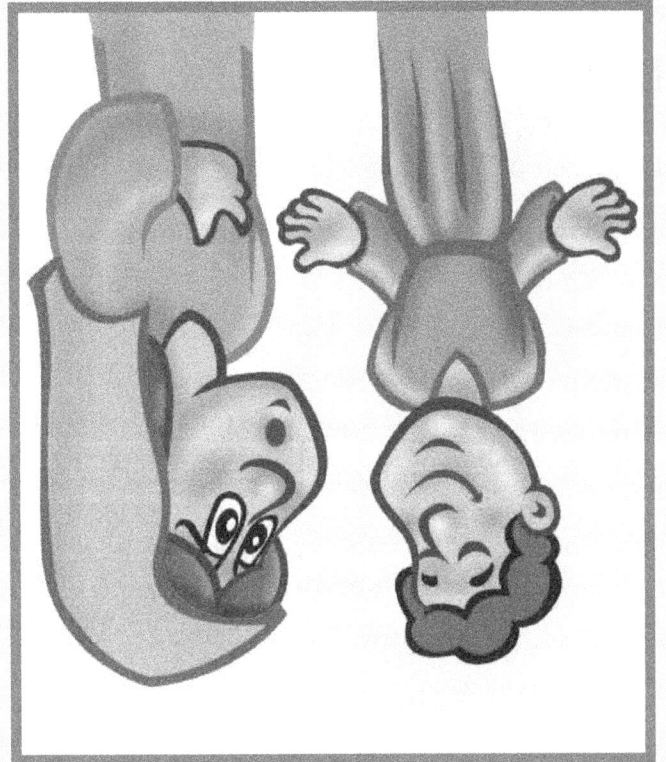

BONDYE VOYE PITIT LI

Bondye te demoutre nou
lanmou li pou nou lè l te voye
Jezi sèl Pitit li a nan mond lan.

1 Jan 4:9

Non:

Jezi se
Pitit
Bondye a

BONDYE VOYE PITIT LI

Enstriksyon: Ede elèv yo koupe de sèk. Mete youn sou lòt, fè atansyon pou yo byen dwat nan liy nan. Sèk la ak vèsè biblik la dwe ale sou li nan foto yo. Aprè reyini yo nan mitan ak soutyen gòy papye a. Mande timoun yo fè viwonn sèk siperyè a, e raple yo istwa biblik la pandan w'ap itilize desen yo.

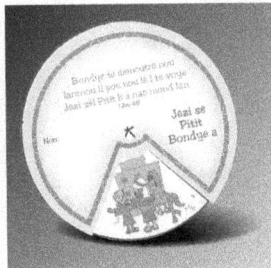

Pran nòt! Ou bezwen yon soutyen gòy papye pou chak timoun.

Chè Paran:

Jodi a pitit ou te aprann de vwayaj Jerizalèm la ak nesans Jezi nan etab la (Sen Lik 21:1-7, 21). Di li ke Bondye renmen li anpil e pou tèt sa li te voye Jezi, inik pitit li. Raple li ke nowèl se yon moman espesyal kote nou selebre e bay remèsiman ak Bondye pou nesans Jezi.

BÈJE YO AL WÈ JEZI

Nap selebre Jezi, pitit Bondye a

Nòn: _____

nstriksyon: Bay elèv yo foto zanj yo, bèje ak mouton yo. Di yo pou kolore yo epi koupe yo. Aprè remèt fèy aktivite yo ak kòl ki sifi. Envite yo rekonstwi istwa biblik la, pandan y'ap kolore foto yo nan chemen Bètleyèm. Fè itilizasyon foto yo ki kole nan fèy la, e kesyone yo sou kontni istwa a. Ekzanp: Daprè sa nou aprann jodi a, kisa bèje yo te fè? (Pèmèt yo reponn). Yo te kite mouton yo e yo te ale chèche bebe Jezi. Yo te emosyone anpil pou sa zanj yo te rakonte yo.

Chè Paran:

Jodi a pitit ou te aprann sou jwa bèje yo lè yo te tande bòn nouvèl nesans mesi a e, kòm yo te emosyone pou sa zanj yo de di yo a, yo te kouri al chèche bebe Jezi (Sen Lik 2:8-20). Semèn sa a selebre nwèl ansanm ak pitit ou. Prepare yon gato pou Jezi, e envite zanmi yo selebre nesans li. Raple ba li bòn nouvèl yo ke Jezi Jezi pitit Bondye a!

SIMEYON ÀK AN WÈ PITIT BONDYE A

Nou remèsye Bondye pou Jezi!

Simeyon ak Àn bay remèsiman Bondye!

Chè Paran:

Nan leson sa a nou aprann kòman Simeyon ak Àn te adore Bondye pou pitit li Jezi (Lik 2:21-38).

Pandan w'ap selebre Nwèl ansanm ak pitit ou, eksprime atravè pawòl yo ak aksyon yo adorasyon ou ak Bondye pou kado ke li bannou atra- vè Jezikris. Jwaye Nwèl!

Enstriksyon: Remèt timoun yo fèy aktivite a. Ede yo sonje yon pòsyon nan istwa biblik la, pandan y'ap obsève desen Simeyon ak Àn nan tanp la avèk bebe Jezi. Y'ap double fèy la an mwatye epi li tèks enprime a nan pati andedan an; repete li ansanm ak goup yo. Mande yo bay Bondye remèsiman, tankou Àn ak Simeyon te fè li. Envite yo desine nan ki fason y'ap remèsye yo menm ak Bondye pou pitit li Jezi.

Bondye te
demontre
ke li
renmen nou
lè li voye
nan mond
la Jezi, inik
pitit li.

1 Jan 4:9

Mwen tou mwen bay
remèsiman a Bondye!

Leson 40

SEKSYON KOUPAJ
ANE 1, PRESKOLÈ

Leson 37

Leson 43

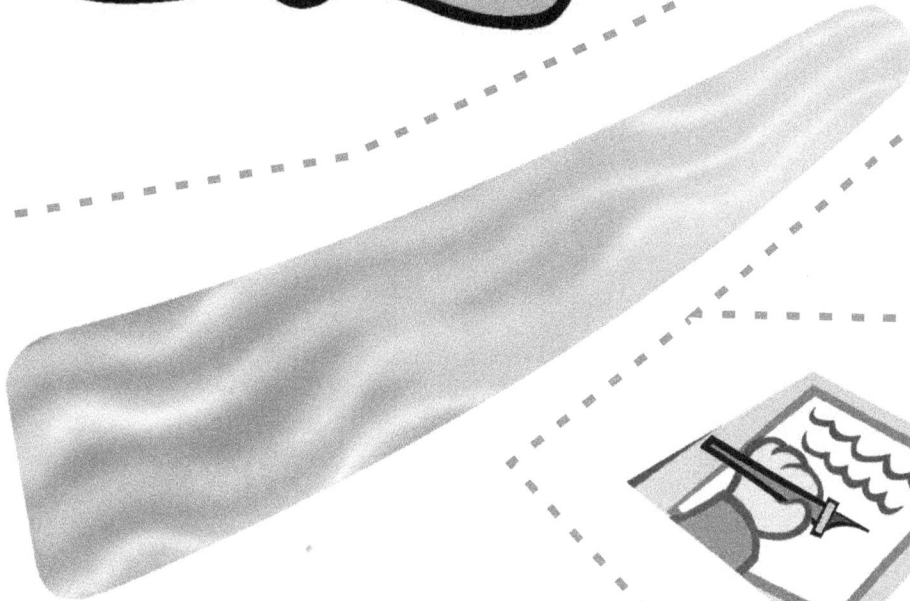

Leson 39

Jozafa

Leson 41

Leson 36

111

Leson 22

Timote

Leson 10

Leson 10

Leson 10

Leson 23

Leson 24

Leson 16

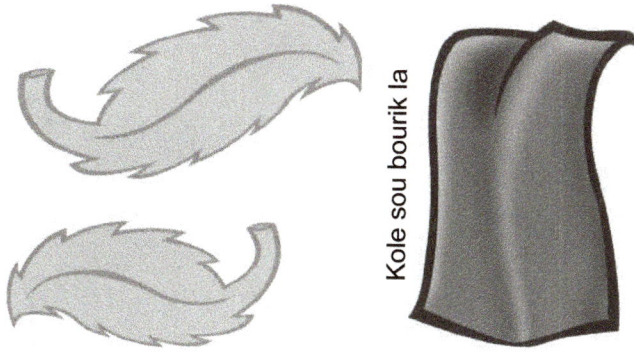

Kole sou bourik la

Leson 5

Leson 5

Leson 8

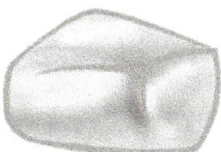

Koupe 12 pen yo epi kole yo nan 12 panye yo.

Foto
adisyonèl

Sa se kòmandman mwen: "Se pou nou renmen youn lòt , menm jann mwen renmen nou

inite III

Bondye te wè tout sa li te fè yo, te bon nèt (Jenèz 1:31).

inite V

Abraram te byen asire l ke Bondye te gen pouvwa pou l te akonpli pwomès li. (Women 4 :21)

inite VI

117

Leson 51

Yo pa t sispann anseye ak preche bon nouvèl ke Jezi se Mesi a oswa Sovè a.
(Travay 5 :42)

Inite XI

Bondye te voye yon sèl Pitit li a sou latè pou nou kapab gen lavi pa mwayen limenm.
(1 Jan 4 :9)

Inite XII

Leson 1

Leson 19

FOTO
ADISYONÈL

Leson 17

KRIS
VIVAN!

Fè fèt pou li!

Leson 20

Leson 28

Leson 29

Inite I

Inite II

Lage tout tèt chaje
nou yo ba li, paske
l'ap pran swen
nou.

(1 Pedro 5:7).

Ti bebe a te grandi
epi pran fòs.
(Lik 2 :40)

Leson 25

Rebeka

Leson 26

Inite VII

Men m'ap bannou
yon kòmandman: Se
pou nou youn renmen
lòt menm jan mwen
renmen nou.

(Jan 13:34).

Bondye nou an
bon e li pran swen
sila yo ki konfye
nan li

(Nawoum 1:7).

Pyè

Leson 45

Inite IV

Ou se Kris la,
Pitit Bondye
vivan an.

(Matye 16:16).

Nonm kokobe a

Leson 46

Inite IX

M'ap obeyi
koumandman w yo.

(Sòm 119 :17)

Pèy Kònèy

Leson 47

Inite X

Bondye nou an
gran, e pouvwa
li gran.

(Sòm 147:5).

www.ingramcontent.com/pod-product-compliance
Lightning Source LLC
Chambersburg PA
CBHW081147040426
42445CB00015B/1796